FIT FÜR DIE SCHULE

Das kann ich!

88 Diktate 3. Klasse

von Andrea Essers
Illustrationen von Guido Wandrey
Coverillustration von Franziska Harvey

TESSLOFF

Vorwort

Liebe/r ______________________,

richtig schreiben kann man lernen!

Um sicher in der Rechtschreibung zu werden, braucht es vor allem **Übung**.
Mit den vorliegenden Diktaten kannst du deine Rechtschreibfertigkeiten **leicht trainieren**.
Jedes Diktat behandelt ein spezielles Rechtschreibthema. Die ausgewählten Lerninhalte sind dabei genau auf den Lehrplan und somit auf die Erfordernisse der 3. Klasse abgestimmt.

So arbeitest du mit diesem Übungsheft:

→ Im **Inhaltsverzeichnis** sind die Diktate nach ihren Übungsschwerpunkten aufgeführt, sodass du leicht das passende Diktat finden kannst.

→ Im Kapitel **Tipps für Eltern und Schüler** gibt es viele nützliche Informationen zum richtigen Diktieren und Diktate schreiben für deine Eltern und dich.

→ Auf den Diktatseiten sind die Rechtschreibregeln in den blauen **Lernkästen** kurz und verständlich zusammengefasst und mit Beispielen verdeutlicht.

→ Alle **Lernwörter** eines Rechtschreibthemas sind im Diktattext grün markiert.

→ **Schwierige Wörter** sind unterstrichen und können buchstabiert werden.

→ Die **Längsstriche** gliedern die Texte in Diktierabschnitte und markieren die Sprechpausen.

So kannst du das Anwenden von Rechtschreibregeln **üben**, bereits erworbene Kenntnisse **vertiefen** und dir Ausnahmen einzeln **einprägen**.

Viel Spaß und Erfolg!

Inhaltsverzeichnis

Schreiben üben – aber richtig!

Rechtschreibung richtig üben

Das Ziel dieses Rechtschreibtrainings ist es, die Rechtschreibfertigkeiten Ihres Kindes Schritt für Schritt zu verbessern. Denn richtig schreiben kann man lernen! Diktate sind eine gute Möglichkeit, Rechtschreibregeln zu **üben**, Rechtschreibtricks zu **trainieren** und Gelerntes zu **festigen**. Sie helfen dabei, die individuellen Fehlerschwerpunkte Ihres Kindes herauszufinden und gezielt darauf einzugehen.

Diktate sind allerdings nur eine Übungsform unter vielen. Je abwechslungsreicher das Rechtschreibtraining gestaltet wird, desto mehr Spaß macht es und desto motivierter ist Ihr Kind bei der Sache.

Hauptsache abwechslungsreich!

Diktate kann man auf unterschiedliche Weise üben. Damit sich Ihr Kind an die Diktierweise in der Schule gewöhnt, können Sie die Diktatsituation mit ihm zu Hause üben. Wenn Sie einen Text auf die gleiche Weise diktieren, wie es auch in der Schule üblich ist, unterstützen Sie Ihr Kind dabei, sicherer beim Schreiben von Diktaten zu werden und Ängste abzubauen. Aber es gibt auch alternative Diktatformen, mit denen Sie das Üben abwechslungsreich gestalten können:

Laufdiktat: Ihr Kind liest sich das Diktat genau durch und legt den Diktattext dann an einen vom Schreibplatz etwas entfernten Ort. Ihr Kind läuft dorthin, merkt sich die ersten Wörter, kehrt zu seinem Platz zurück und schreibt sie auf. Dann läuft es wieder zum Diktattext, merkt sich die nächsten Wörter usw. Zum Schluss liest sich das Kind den Text noch einmal durch und vergleicht ihn mit der Vorlage.

Dosendiktat: Ihr Kind liest sich das Diktat durch und schreibt den Text ab. Dann schneidet es die einzelnen Sätze aus und legt die Papierstreifen in der richtigen Reihenfolge vor sich hin. Nun liest es den ersten Satz durch, wirft den Streifen in die Dose und schreibt den Satz auswendig auf. Streifen für Streifen geht es so weiter. Am Ende liest sich Ihr Kind alles noch einmal durch und vergleicht den Text mit der Vorlage.

Eigendiktat: Ihr Kind liest sich den Text einmal durch. Dann deckt es den Text mit einem Papier ab, sodass nur die erste Zeile zu sehen ist. Das Kind merkt sich die Wörter und schreibt sie auf. So geht es Zeile für Zeile vor, bis es den ganzen Diktattext einmal geschrieben hat. Anschließend liest es sich den Text noch einmal durch und vergleicht ihn mit der Vorlage.

Zu Hause Diktate üben

Allgemeine Tipps

→ Am besten übt es sich in ruhiger und entspannter Umgebung. Achten Sie deshalb darauf, dass Ihr Kind beim Üben nicht gestört und nicht abgelenkt wird. Überlegen Sie mit ihm zusammen, wann die **beste Zeit zum Üben** ist. Jeder Mensch hat seine persönliche Lernzeit und man kann sich nicht zu jeder Uhrzeit gleich gut konzentrieren.

→ Planen Sie genug Zeit zum Nachdenken und Korrigieren ein. Kurzes, regelmäßiges Üben ist sinnvoller, als seltene, aber lange Lerntage. Das Üben sollte deshalb am Tag nicht länger als 15 Minuten dauern.

→ Achten Sie darauf, dass innerhalb einer Lerneinheit **immer nur ein Rechtschreibphänomen trainiert wird** und üben Sie ähnliche Schreibweisen nicht hintereinander. Sonst ist die Gefahr groß, dass Ihr Kind diese miteinander verwechselt. Lernt es etwa Wörter mit Dehnungs-h, sollte es sich nicht sofort danach Wörter mit doppeltem Vokal vornehmen. Um eine solche **Ähnlichkeitshemmung** zu **vermeiden**, müssen immer mehrere Tage zwischen dem Üben von ähnlichen Schreibweisen liegen.

→ Vor dem Diktieren ist es sinnvoll, dass Ihr **Kind** den **Text selbst liest** und **einmal abschreibt**. So kann es sich das Schriftbild der Wörter verinnerlichen.

→ Bevor Sie das ganze Diktat vorlesen, können Sie zunächst die grünen **Lernwörter** einzeln **diktieren**. So wecken Sie bei Ihrem Kind das Bewusstsein für das zu übende Problem.

→ Diktieren Sie keine zu langen Textabschnitte. Am besten **orientieren** Sie sich an den **Längsstrichen** im Text, die das Diktat in einzelne **Diktierabschnitte** gliedern.

→ Lesen Sie beim Diktieren **langsam**, **deutlich** und **betont** vor. Die Satzzeichen werden mitdiktiert, sofern sie nicht der Übungsschwerpunkt sind.

→ Die **unterstrichenen Wörter** können Sie **buchstabieren**, da es sich hier um schwierige Wörter handelt, die Ihr Kind in der Regel noch nicht schreiben kann.

→ Am Ende sollte Ihr Kind sein Diktat immer noch einmal in Ruhe selbst kontrollieren können. So fördern Sie die **Fähigkeit** zur **Selbstkontrolle**, die in der Schule und im Alltag eine wichtige Rolle spielt.

Schreiben üben – aber richtig!

→ Schauen Sie sich den Text Ihres Kindes nach dem Üben noch einmal genau an. Anhand der gemachten Fehler können Sie erkennen, was genau es noch üben muss. Nach einiger Zeit können Sie das Diktat noch einmal mit Ihrem Kind wiederholen.

→ **Loben** Sie Ihr Kind! Eine **positive** Rückmeldung motiviert und nimmt Ihrem Kind die Angst davor, etwas falsch zu machen.

Diktieren wie in der Schule

Diktieren Sie den Text so, wie es auch die Lehrerin oder der Lehrer tut. Die meisten gehen dabei so vor:

1. Der Text wird mit der Überschrift einmal vorgelesen. Die Kinder lernen so den Text kennen und erfahren, worum es darin geht.

2. Dann wird ein ganzer Satz vorgelesen. Die Kinder lernen den Satz und seine Struktur kennen.

3. Ist der Satz zu lang, wird er in einzelnen Abschnitten diktiert, die die Kinder aufschreiben.

4. Der nächste Satz wird wieder zuerst vorgelesen und dann in Abschnitten diktiert. Die Schritte 2 und 3 wiederholen sich, bis das Diktat fertig ist.

5. Zum Schluss wird der Text noch einmal ganz vorgelesen.

6. Anschließend haben die Kinder Zeit, ihren Text zu kontrollieren und Fehler zu verbessern.

Diktate schreiben – so geht's!

Liebe Schülerin, lieber Schüler,

Diktate richtig zu schreiben ist leichter, als du vielleicht denkst. Hier findest du ein paar Tipps, die dir dabei helfen.

Worauf musst du während eines Diktats achten?

Was wird vorgelesen? Höre beim Vorlesen genau zu. So lernst du den Text und den Aufbau der Sätze kennen. Wenn du weißt, worum es geht, fällt das Aufschreiben beim Diktieren leichter.

Wie wird vorgelesen? Achte genau darauf, wie die Wörter ausgesprochen werden. Sind die Laute kurz oder lang? Wie lauten die Vor- und die Nachsilben? Wie lauten die Endungen?

Gut nachdenken! Überlege, ob die Wörter groß- oder kleingeschrieben werden und ob es eine Rechtschreibregel gibt, die du anwenden kannst. Überlege aber nicht zu lang, denn das Diktat geht ja weiter!

Schwierige Wörter markieren! Wenn du dir unsicher bist, wie ein Wort geschrieben wird, markiere es. Später kannst du es dir dann noch einmal in Ruhe anschauen und überlegen, welche Regel dir beim Schreiben helfen könnte.

Lücken lassen! Hast du ein Wort nicht verstanden, lässt du eine Lücke. Wird der Text noch einmal vorgelesen, kannst du das Wort ergänzen.

Wie kontrollierst du ein Diktat richtig?

Lies deinen ganzen Text genau! Sind alle Satzanfänge großgeschrieben? Fehlt kein Satzschlusszeichen? Macht jeder Satz Sinn? Ist jeder Satz vollständig? Hast du kein Wort vergessen?

Lies das Diktat rückwärts Wort für Wort! Sind alle Wörter vollständig? Hast du keinen Buchstaben vergessen? Hast du keine Buchstaben verdreht?

Prüfe schwierige Wörter! Wird das Wort groß- oder kleingeschrieben? Kennst du eine Regel, mit der du die richtige Schreibweise herausfinden kannst? Kannst du das Wort verlängern? Kennst du ein verwandtes Wort?

Viel Erfolg!

Großschreibung von Nomen

→ **Nomen** (Namenwörter) bezeichnen Personen, Tiere, Pflanzen und Dinge, aber auch Gefühle, Vorstellungen und Gedanken. Nomen schreibst du immer groß. Sie haben einen Artikel (Begleiter). Der Artikel muss nicht immer direkt vor dem Nomen stehen. Und manchmal kann er auch ganz fehlen. Fast alle Nomen können in der Einzahl und in der Mehrzahl stehen.

der **B**aum – ein kleiner **B**aum – Hier wachsen **B**äume.

die **A**ngst – die große **A**ngst – Ich habe **A**ngst.

1 Ab in die Ferien!

Nina fährt in den Ferien | mit ihren Eltern | und ihrem kleinen Bruder Ben | nach Italien. | Nun überlegt sie, | was sie einpacken soll: | Die meisten Kleider | hat sie schon in den Koffer gelegt. | Es fehlen noch | der gepunktete Rock, | die Sommerschuhe | und ihr neuer Badeanzug. | Außerdem nimmt sie zwei Bücher, | Spiele und ein Wörterbuch mit. | Zum Schluss steckt sie noch | ein Kissen in den Rucksack. | Nina freut sich schon, | denn sie werden bestimmt | viel Spaß im Urlaub haben!

77 Wörter

2 Eine Raupe in Gefahr

Lukas ist auf dem Weg zur Sporthalle. | Da sieht er eine Raupe, | die vom Rasen auf den Gehweg kriecht. | Lukas bleibt stehen | und schaut sich | das seltsame Tierchen genauer an. | Es hat viele winzige Beine | und seine Haut ist gelb | mit grünen Punkten. | Lukas nimmt ein Blatt | und schiebt die Raupe darauf. | Denn sie ist in Gefahr. | Schließlich kann jeden Moment | jemand auf sie treten. | „Hab keine Angst!“, | murmelt er leise. | „Im Gras bist du in Sicherheit!“

77 Wörter

→ **Tageszeiten** können mit Nomen (Namenwörtern) bezeichnet werden.
Sie werden dann großgeschrieben.

der **M**ittag – am **A**bend – um **M**itternacht

1 Der Tagesausflug

Die Klasse 3a macht einen Ausflug. Am Morgen fährt der Bus an der Schule ab. Nach einer Stunde Fahrt steigen die Schüler aus und wandern los. Am Mittag machen sie eine Pause. Dann geht es weiter an einem Fluss vorbei. Der Nachmittag ist schnell vorüber, denn es gibt viel zu entdecken. Am frühen Abend kommen sie wieder am Parkplatz an, wo der Bus auf sie wartet. Die Kinder sind müde. Heute Nacht werden alle gut schlafen!

76 Wörter

2 Aprilwetter

Um Mitternacht wacht Kim auf. Sie schaut aus dem Fenster. Draußen schneit es! Doch am anderen Morgen scheint die Sonne. Am Mittag hängen dicke Wolken am Himmel. Eine Stunde später ist es schon wieder warm und freundlich. Am Nachmittag zieht ein Sturm auf und dicke Regentropfen fallen vom Himmel. Bis zum Abend bleibt es kühl und bewölkt. Doch als Kim am Abend ihren Eltern eine gute Nacht wünscht, sieht sie den Mond leuchten.

73 Wörter

Vertrauliche Anrede

→ Für Personen, die du gut kennst, verwendest du die vertrauliche Anrede **du** und **ihr** sowie die entsprechenden Formen **dich**, **dir**, **deine**, **euch**, **eure** … In der Regel werden diese Pronomen (Fürwörter) kleingeschrieben. In Briefen und E-Mails kannst du sie klein- oder großschreiben. Du musst dich dann aber für eine einheitliche Schreibweise entscheiden.

1 Geburtstagsgrüße an Oma

Liebe Oma, |

alles Gute zum Geburtstag | wünscht dir/Dir deine/Deine Enkelin Annika. | Leider kann ich nicht | zu deiner/Deiner Geburtstagsfeier kommen, | weil wir auf Klassenfahrt sind. | Ich hoffe aber, | du/Du feierst schön | und ihr/Ihr macht euch/Euch | einen schönen Tag. | Ich habe dir/Dir ein Fotoalbum gebastelt. | Mama bringt es dir/Dir mit. | Hoffentlich gefällt es dir/Dir! | Viele Grüße an Opa. |

Alles Liebe |

Annika

59 Wörter

2 E-Mail an Jan

Lieber Jan, |

das Wochenende mit dir/Dir | und deinem/Deinem Bruder war super! | Die Höhlenwanderung mit euch/Euch | hat richtig Spaß gemacht. | Ich habe aus Versehen | dein/Dein Buch eingepackt. | Ich schicke es dir/Dir aber sofort zurück. | Dafür habe ich meinen Schal | in eurer/Eurer Baumhütte vergessen. | Kannst du/Du ihn mir auch schicken? | Hoffentlich sehe ich euch/Euch bald wieder! |

Bis bald |

Fabian

57 Wörter

Höfliche Anrede

→ Bei der höflichen Anrede benutzt du die Pronomen (Fürwörter) **Sie**, **Ihnen**, **Ihr**, **Ihre** oder **Ihren**. Diese Pronomen werden immer großgeschrieben.

1 Auf dem Wochenmarkt

„Hallo Frau Schulze! | Schön, Sie zu sehen! | Wie geht es Ihnen?“

„Entschuldigen Sie bitte! | Wissen Sie, | wo ich frische Kräuter kaufen kann?“

„Können Sie mich bitte durchlassen?“

„Seien Sie doch nicht so ungeduldig!“

„Warten Sie, | ich gebe Ihnen eine Tüte | für Ihre Einkäufe!“

„Nehmen Sie bitte | Ihren Hund da weg! | Er knabbert an meinen Blumen!“

55 Wörter

2 Der Dankesbrief

Lieber Herr Müller, |

wir möchten uns ganz herzlich | bei Ihnen für den spannenden Tag | auf Ihrem Bauernhof bedanken. | Es war ganz toll, | dass Sie sich so viel Zeit | für uns genommen haben. | Am besten hat uns gefallen, | wie Sie die Lämmer | mit Milch gefüttert haben. | Aber auch die kleinen Ferkel | und das Melken der Kühe waren super! | Als kleines Dankeschön | haben wir Ihnen einen Bauernhof | mit Ihren Tieren gebastelt. | Wir hoffen, | er gefällt Ihnen! |

Herzliche Grüße |

Ihre Klasse 3c

79 Wörter

Wörter mit Ä/ä

→ Die Laute (ä) und (e) klingen oft sehr ähnlich. Die meisten Wörter mit **Ä/ä** sind mit einem Wort mit **A/a** verwandt. Suche deshalb nach anderen Wörtern aus der Wortfamilie.

j**a**gen – der J**ä**ger   k**a**lt – die K**ä**lte   die K**a**rte – das K**ä**rtchen

Einige Wörter mit **Ä/ä** haben keinen Verwandten mit **A/a**. Diese Wörter musst du lernen.

der B**ä**r   das M**ä**dchen

1 Die Abfahrt

Ulf und Martin stehen mit ihren Rädern | auf einem Hügel. | „Komm, wir fahren hinunter!“, | schlägt Ulf vor. | Martin schaut ängstlich. | Die Abfahrt sieht ziemlich gefährlich aus | und dicke Äste | hängen über dem Weg. | Aber Ulf drängelt schon | und lässt nicht locker. | „Dann fängst du aber an!“, | sagt Martin. | Ulf zählt bis drei, | dann fährt er los. | Sofort gerät er vom Weg ab | und fällt hin. | „So ein Mist“, | flucht er. | „Hier kommen wir nicht runter.“ | Martin lächelt erleichtert.

78 Wörter

2 Der goldene Käfer

Die Mutter erzählt ein Märchen: | Es war einmal ein goldener Käfer. | Er wurde von einem grässlichen Mann | in einem Käfig gefangen gehalten. | Eines Tages kam ein Mädchen vorbei. | „Hol mich hier raus!“, | bat der Käfer | mit Tränen in den Augen. | Das Mädchen nahm eine Säge | und begann den Käfig aufzusägen. | Der Lärm lockte | den grässlichen Mann an. | Doch er kam zu spät! | Der Käfig war offen | und der Käfer flog glücklich | zur Tür hinaus.

74 Wörter

Wörter mit Äu/äu und mit Eu/eu

→ **Äu/äu** und **Eu/eu** sind leicht zu verwechseln. Ob ein Wort mit **Äu/äu** geschrieben wird, kannst du herausfinden, indem du nach verwandten Wörtern mit **Au/au** suchst.

der B**au**er – die B**äu**erin   der Tr**au**m – tr**äu**men

Wörter mit **Eu/eu** musst du dir merken.

die **Eu**le   die L**eu**te   h**eu**te

1

Die Kräuterhexe

Die alte Anna | lebt in einem Häuslein | im Wald. | Es liegt versteckt | hinter großen Bäumen. | Nur manchmal verläuft sich | ein Wanderer zu ihr. | In ihren Räumen | riecht es nach Rauch. | Auf dem Dach nisten Täubchen. | Ihr Kräutergarten | ist von Sträuchern gesäumt. | Aus den Kräutern macht sie Tee. | Der sorgt für gute Träume, | macht gesund oder wach. | Manche Menschen behaupten, | sie sei eine Kräuterhexe, | die sogar mit Mäusen sprechen kann!

69 Wörter

2

Ein Waldausflug

Viola und Niklas sind heute | im Wald unterwegs! | „Schau mal da!“, | Niklas deutet auf ein Reh. | Doch das scheue Tier | ist schon wieder verschwunden. | Viola beugt sich neugierig | über den Eingang eines Fuchsbaus. | Da erklingt der Schrei einer Eule. | Es wird schon dunkel! | Auf dem Heimweg | hören sie ein leises Heulen. | Ob das ein Wolf ist?

56 Wörter

! Die Diktate mit **Äu/äu** und **Eu/eu** solltest du nicht direkt hintereinander üben.

Wörter mit ai

→ Es gibt nur wenige Wörter mit **ai**. Diese Wörter musst du dir merken.

der H**ai** der M**ai**s

1 Wusstest du das?

Dem Hai wachsen Zähne | immer wieder nach.

Maispflanzen können bis zu | zweieinhalb Meter hoch werden.

Maiglöckchen blühen auch im Juni.

Ein frischer Brotlaib | duftet herrlich!

Auch in Deutschland | gab es mal einen Kaiser.

Eine Violine | hat vier Saiten.

Ein Kind ohne Eltern | nennt man Waisenkind.

45 Wörter

2 Brot für den Kaiser

Das Waisenmädchen Marie | konnte das beste Maisbrot | der Welt backen. | An einem sonnigen Maitag im Frühling | fuhr der Kaiser mit der Kutsche | an ihrem Laden vorüber. | Da stieg ihm der Duft | der frischen Brotlaibe in die Nase. | Er ließ die Kutsche halten | und Marie brachte ihm | den schönsten Laib. | Der Kaiser ernannte sie sofort | zur kaiserlichen Hofbäckerin. | Marie war glücklich | und von ihrem ersten Lohn | kaufte sie sich neue Saiten | für ihre Gitarre.

73 Wörter

b und p am Wortende

→ Am Wort- oder Silbenende klingen **b** und **p** gleich. Wenn du das Wort verlängerst oder nach einem verwandten Wort suchst, findest du die richtige Schreibweise aber schnell heraus.

der Rau**b** – rau**b**en   er hu**p**t – die Hu**p**e

1 Der Überfall

An der Tür des Schmuckladens | klebt ein Schild: | Heute bleibt das Geschäft geschlossen. | Denn gestern hat ein Dieb | den Laden ausgeraubt. | Der Räuber bedrohte die Verkäuferin | und sie gab ihm | den ganzen Schmuck. | Dann machte er sich aus dem Staub. | Die Frau beschrieb | der Polizei den Dieb. | Er hatte eine plumpe Figur, | trug gelbe Turnschuhe | und eine Maske. | Der Besitzer des Geschäfts tobte, | als er von dem Überfall hörte. | Die Verkäuferin nahm erst einmal Urlaub.

75 Wörter

2 Der Löwe

Der Löwe lebt | in der staubigen Savanne in Afrika. | Er gehört zu den größten | Raubkatzen der Erde. | Sein Fell ist gelblich braun. | Seine Mähne ist etwas dunkler gefärbt. | Zu einem Löwenrudel gehören | ein Männchen, | mehrere Weibchen | und ihre Jungen. | Das Männchen ist der Chef. | Wenn die Weibchen auf die Jagd gehen, | bleibt der Löwe bei den Jungen. | Trotzdem darf er zuerst fressen. | Doch irgendwann | kommt ein jüngerer, | stärkerer Löwe | und vertreibt das alte Tier, | um seinen Posten zu übernehmen.

79 Wörter

d und t am Wortende

→ Am Wort- oder Silbenende klingen **d** und **t** gleich. Du kannst die richtige Schreibweise herausfinden, indem du das Wort verlängerst oder nach einem verwandten Wort suchst. Verben (Tunwörter) in der 3. Person Einzahl enden immer auf **t**.

die Wan**d** – die Wän**d**e   al**t** – äl**t**er   er renn**t**

1 Kurzdiktat

Die Luft ist mild. | Die Hand ist kalt. | Der Hut ist alt. | Das Rad ist rund. | Das Kind ist gesund. | Das Brot ist hart. | Der Hund bellt laut. | Das Kleid ist bunt.

32 Wörter

2 Kurzdiktat

Die Schlange hat einen Giftzahn. | Die Pilze wachsen am Waldrand. | Das Luftschiff hebt ab. | Der Honig hat eine goldgelbe Farbe. | Die Abendsonne scheint noch warm.

25 Wörter

! Auch bei zusammengesetzten Wörtern kannst du die Verlängerungsprobe machen.

3 Der Ausritt

Tina reitet heute zum ersten Mal aus! | Etwas nervös ist sie schon. | Doch der Reitlehrer spricht | ihr Mut zu: | „Du wirst das gut schaffen!" | Sie sattelt ihr Pferd, | dann reitet die Gruppe los. | Direkt hinter Tina | reitet ihr Freund Lars. | Die Gruppe trabt über einen schmalen Pfad | durch den Wald. | Die Mähnen der Pferde | flattern im Wind. | Unterwegs sehen sie viele Waldtiere: | einen Specht, | ein Wildschwein | und ein Reh. | Tina ist begeistert: | „Das macht echt Spaß!"

76 Wörter

g und k am Wortende

→ Am Wort- oder Silbenende klingen **g** und **k** gleich. Um die richtige Schreibweise herauszufinden, musst du das Wort verlängern oder nach einem verwandten Wort suchen.

der Ta**g** – die Ta**g**e   er lü**g**t – die Lü**g**e   star**k** – stär**k**er

1 Es spukt!

In Timos Zimmer spukt es! | Jede Nacht schlägt ein Geist | leise gegen den Kleiderschrank. | Aber heute legt Timo | sich auf die Lauer. | Als das Klopfen beginnt, | macht er sich mutig | auf den Weg zum Schrank. | Vorsichtig öffnet er ihn. | Aber was ist das? | Der Sockenberg bewegt sich! | Timo springt zur Seite. | Es war wohl doch nicht so klug, | alleine Geister zu jagen! | Schon wieder regt sich | der Sockenberg. | Jetzt erkennt Timo den Geist: | Es ist eine Maus!

77 Wörter

2 Der Drachenflug

Tom hat zum Geburtstag | einen Drachen geschenkt bekommen. | Doch am nächsten Tag | regt sich kein Lüftchen. | Erst am Sonntag | bläst der Wind | stark genug. | Aufgeregt stürmt er | mit dem Drachen nach draußen. | Zusammen mit seinem Vater | legt er ihn auf ein Feld. | Vorsichtig nimmt Tom | die Schnüre in die Hand. | Nichts bewegt sich. | Erst als der Vater | den Drachen in den Wind hält, | steigt er auf. | Tom lenkt ihn mit den Schnüren. | Wie hoch er fliegt!

76 Wörter

Wörter mit ng und mit nk

→ Bei Wörtern mit **ng** und **nk** musst du genau hinhören, denn diese Laute können ähnlich klingen. Wenn du dir nicht sicher bist, wie ein Wort am Ende geschrieben wird, kannst du es verlängern oder ein verwandtes Wort suchen.

der Kla**ng** – kli**ng**en   er tri**nk**t – tri**nk**en

1 Die ehrliche Finderin

Mona hat einen Ring | mit einem kleinen Schmetterling | gefunden. | Er passt genau auf ihren Finger | und ist gar nicht zu eng. | Da sieht sie einen Zettel, | der an einem Baum hängt. | Jemand hat den Ring verloren | und sucht ihn jetzt! | Mona überlegt nicht lange. | Sie schwingt sich auf ihr Rad | und bringt ihn zurück. | Als sie an der Tür klingelt, | öffnet eine junge Frau. | Sie freut sich sehr | und gibt der ehrlichen Finderin | zur Belohnung 5 Euro.

77 Wörter

2 Der Streit

Timo sitzt auf der Küchenbank | und denkt nach. | Er hat sich mit Ole gezankt. | Timo hat ein Fahrrad geschenkt bekommen | und Ole hat versehentlich | den Lenker zerkratzt. | Da hat Timo ihn wütend Stinktier genannt. | Das hat Ole gekränkt. | Jetzt tut es Timo leid. | Er geht zum Kühlschrank, | holt sich ein Glas Saft | und trinkt einen Schluck. | Doch was ist das? | Draußen steht ja Ole | und winkt ihm zu! | Jetzt renkt sich | bestimmt alles ein!

74 Wörter

Wörter mit V/v, das wie F/f klingt

→ Die meisten Wörter mit (f)-Laut werden mit **F/f** geschrieben. Manche Wörter werden aber mit **V/v** geschrieben. Die Vorsilben **Ver-/ver-** und **Vor-/vor-** werden immer mit **V/v** geschrieben. Die anderen Wörter mit **V/v** musst du dir merken.

der **Ver**kauf   der **Vor**rat   der **V**ater   **v**ier

1 Kurzdiktat

der Vater | viel | von | vielseitig | vielleicht | das Volk | der Vogel | völlig | der Vollmond | das Vieh | vier | vierzig | der Vierbeiner | das Veilchen

21 Wörter

2 Wo ist Omas Brille?

Oma möchte Emilia | eine Geschichte vorlesen, | aber sie hat ihre Brille verlegt. | Liegt sie unter der Wolle vergraben? | Oder hat Oma sie | in der Küche vergessen? | Vielleicht wird sie von der Zeitung verdeckt? | Oma ist verzweifelt. | Wo ist sie nur? | Emilia startet einen letzten Versuch. | Und richtig! | Da lugt ein Brillenbügel | unter dem Vorhang hervor! | Vergnügt beginnt Oma mit der Geschichte.

61 Wörter

3 Quatschdiktat

Vier Vögel | wollen ihre Verwandten | im Süden besuchen. | Allerdings haben sie Verspätung, | denn heute ist viel Verkehr am Himmel. | „Vielleicht versuchen wir es | besser morgen?“, | schlägt einer vor. | „Vermutlich ist es dann | nicht so voll.“ | Das erscheint den Vögeln vernünftig. | Beim zweiten Versuch | wird es schon klappen!

47 Wörter

Wörter mit Pf/pf

→ **Pf/pf** hört sich ähnlich an wie **F/f**. Du kannst sie aber leicht unterscheiden, wenn du dir die Wörter deutlich vorsprichst.

der Zo**pf** **pf**lanzen der Ko**pf** hü**pf**en

1 Kurzdiktat

Hühner hüpfen über Pfützen. | Pferde stampfen im Stall | und mampfen Heu. | Kühe rupfen und zupfen Gras. | Der Bauer stopft Löcher im Zaun.

22 Wörter

2 Die Naschkatze

Auf leisen Pfoten | schlüpft die Katze | in die Küche. | Es riecht nach frischer Pflaumenmarmelade! | Lautlos hüpft sie auf den Tisch. | Da hinten steht ja der Topf! | Er dampft noch. | Vorsichtig steckt sie | den Kopf hinein | und schleckt an der Marmelade. | Lecker! | Da kommt die Mutter herein. | „Pfoten weg!“, | schimpft sie.

50 Wörter

3 Treffer!

Toni und Lukas haben sich | Pfeil und Bogen gebastelt. | Die stumpfen Pfeilenden haben sie | mit dem Messer angespitzt. | Jetzt stapfen sie durch den Garten | und suchen ein Ziel. | „Wie wäre es | mit dem Apfel am Baum?“, | fragt Toni. | Lukas nickt, | zielt und trifft! | Der Apfel fällt herunter | und kullert direkt in eine Pfütze. | Toni pfeift anerkennend | und stopft sich | den tropfenden Apfel in die Tasche. | „So können wir | immer Äpfel pflücken!“

71 Wörter

→ Für den (ks)-Laut gibt es verschiedene Schreibweisen. Er kann mit **x**, **chs**, **gs**, **ks** oder **cks** geschrieben werden. Die wenigen Wörter mit **x** musst du dir merken.

der Mi**x**er   bo**x**en   das **X**ylofon

1 Kurzdiktat

Hexen mixen | sonderbare Mixgetränke.
Max boxt | in einer echten Boxschule.
Maxi ist Expertin | für extra schwere Textaufgaben.
Der Kracher ist | extrem laut explodiert.

23 Wörter

2 Quatschdiktat

Am Taxistand stehen | eine Dame mit Hexenbesen, | ein Riese mit Boxernase | und ein Zwerg mit Axt in der Tasche. | Sie steigen in ein Taxi. | „Maxstraße 8, | aber fix!“, | ruft der Zwerg. | „Du bekommst auch | extra viel Trinkgeld!“ | Der Taxifahrer rast los. | Am Ziel erwartet sie schon | ein extrem blasser Mann | mit langen Zähnen. | „Da kommen ja die Experten!“, | begrüßt er die drei unheimlichen Gestalten. | Der Taxifahrer gibt Gas. | Nix wie weg hier!

72 Wörter

! Lass dir zuerst die grünen Lernwörter diktieren und übe später das ganze Diktat.

Wörter mit ch

→ Der Laut (ch) kann ganz unterschiedlich klingen.

ko**ch**en ki**ch**ern

1 Kurzdiktat

Die Mädchen sprechen | eine andere Sprache.
Der Wächter bewacht das Tor.
Hier riecht es seltsam. | Woher kommt der Geruch?
Die Köche kochen | in der Küche leckere Gerichte.

27 Wörter

2 Krach mit den Nachbarn

Nachdenklich stößt der Drache | eine Rauchwolke | aus dem rechten Nasenloch. | Seit acht Nächten | hat er kein Auge zugemacht. | Sobald er müde ins Bett kriecht, | hört er kichernde Kinder. | Sofort ist er dann wieder hellwach. | In der Nacht | hält er Wache. | Und richtig! | Das Kichern kommt | aus dem Kaninchenbau. | Ein freches Kaninchenkind | guckt gerade heraus. | „Ruhe, du freches Ding!“, | faucht der Drache. | Ängstlich verstummt | das Kaninchenmädchen. | Der Drache freut sich. | Endlich ist mal Ruhe bei den Nachbarn!

76 Wörter

Wörter mit Ch/ch und mit Sch/sch

→ **Ch/ch** klingt manchmal wie **Sch/sch**. Wenn du die Wörter deutlich sprichst, kannst du den Unterschied aber leicht hören.

die Mil**ch** fri**sch**

1 Der fürchterliche Fürst

Der fürchterliche Fürst | schleicht in seinen Hausschuhen | durch das Schloss. | Er hat schlechte Laune. | Seine schönste Giftschlange | ist aus dem Terrarium | entwischt. | Jetzt kriecht sie | durch sein Schloss | und er kann sie nicht finden! | Auf einmal hört er | einen schrecklichen Schrei | aus der Küche. | Der fürchterliche Fürst lächelt. | Jetzt weiß er, | wo das Tierchen ist!

55 Wörter

2 Das Eichhörnchen

Eichhörnchen haben | einen buschigen Schwanz | und ein weiches, rotes Fell. | Gerne klettern sie hoch oben | in den Baumkronen. | Sie fressen viele verschiedene Dinge: | Nüsse und Eicheln, | aber auch Schnecken und Vogeleier. | Wie wir Menschen | schlafen sie nachts. | Tagsüber gehen sie auf Futtersuche. | Ihre Schlafnester | nennt man Kobel. | Auch bei schlechtem Wetter | verkriechen sie sich dort. | Wenn es sehr kalt ist, | schlafen manchmal | mehrere Eichhörnchen darin. | Dann kuscheln sie sich eng aneinander | und decken sich | mit ihrem Schwanz zu.

78 Wörter

Wörter mit St/st und mit Sp/sp

→ Du hörst (schp) und schreibst **Sp/sp**. Oder du hörst (scht) und schreibst **St/st**.

der **Sp**iegel **sp**ielen der **St**ock **st**echen

1 Quatschdiktat

Der Strauß steht stumm | auf der Straße herum.

Der Stier stapft stur | bei uns durch den Flur.

Die sportliche Spinne | springt über die Rinne.

Der spaßige Spatz | spielt gern mit der Katz.

32 Wörter

2 Es spukt!

Tom steigt die steile Treppe | zum Speicher hinauf. | Sein Bruder behauptet, | dort spuke es. | Aber Tom glaubt ihm nicht. | Er stößt die Tür auf. | Staub wirbelt auf. | Hier oben ist es stockdunkel | und es stinkt nach Mottenpulver. | Tom stolpert | über einen Stuhl. | Fast wäre er gestürzt! | In der Ecke steht ein Spiegel | voller Spinnweben. | Aber was ist das? | Tom spürt einen Lufthauch | und erstarrt. | Stöhnt da jemand leise? | Mit einem spitzen Schrei | stürmt er hinaus. | Vielleicht gibt es doch Gespenster?

80 Wörter

Wörter mit Dehnungs-h

→ Oft folgt auf einen lang gesprochenen Vokal (Selbstlaut) oder Umlaut ein **h**. Man nennt es **Dehnungs-h**. Das Dehnungs-h steht nur vor **l**, **m**, **n**, oder **r**. Du kannst es nicht hören. Wörter mit einem Dehnungs-h musst du lernen.

de**h**nen   gä**h**nen   das O**h**r

1 Die Höhle

Jakob und Till | sind mit ihren Fahrrädern unterwegs. | Plötzlich verdunkelt sich der Himmel. | Ein Gewitter bahnt sich an! | Das hat ihnen | gerade noch gefehlt! | Schnell fahren sie zu den Felsen. | Kaum sind sie da, | beginnt ein ungewöhnlich heftiges Gewitter. | Da entdeckt Till einen Gang. | Er führt in eine Höhle! | Die beiden gehen hinein. | Drinnen ist es sehr kühl | und stockdunkel. | „Lass uns umkehren", | flüstert Jakob. | „Ohne Licht | ist das zu gefährlich!" | Doch schon morgen wollen sie | die Höhle untersuchen!

79 Wörter

2 Beim Zahnarzt

Susanne hat Zahnschmerzen. | Die Mutter ruft beim Zahnarzt an | und bekommt einen Termin | für zehn Uhr. | Sie fahren | mit der Bahn zur Praxis. | Susanne hat Angst. | Hoffentlich muss der Arzt nicht bohren! | Sie setzt sich auf den Stuhl | und der Zahnarzt | schaut in ihren Mund. | Er greift zum Bohrer. | „Das haben wir gleich!", | verkündet er fröhlich. | Nach kurzer Zeit ist er fertig. | Susanne strahlt: | „Das war nicht schlimm!" | Nachmittags erzählt sie | ihrer Freundin davon. | Denn die hat auch Angst | vor dem Zahnarzt!

82 Wörter

Wörter mit ie und langem i ohne Kennzeichnung

→ Die meisten Wörter mit lang gesprochenem **i** werden mit **ie** geschrieben.

das Sp**ie**l zi**e**len das T**ie**r

Es gibt nur wenige Wörter mit lang gesprochenem **i** ohne Kennzeichnung.

der T**i**ger w**i**r die L**i**monade

1 Die Riesen des Meeres

Der Blauwal ist das größte Tier der Erde. | Der Riese | taucht bis zu 300 Meter tief | und wiegt bis zu 136 Tonnen. | Das ist so viel | wie 30 Elefanten wiegen! | Am liebsten frisst er Plankton | und kleine Meerestiere. | An seinem Oberkiefer | hat er schmale Hornplatten, | die Barten. | Damit siebt er das Futter | aus dem Wasser. | Früher wurde dieses Tier gejagt. | Heute ist die Jagd | auf den Blauwal verboten.

68 Wörter

2 Im Kino

Der Biber und der Igel | gehen ins Kino. | Der Igel kauft zwei Karten | und gibt dem Biber eine. | Der Biber besorgt Limonade. | „Hat es dir gefallen?“, | fragt der Biber nach dem Film. | „Ja“, sagt der Igel, | „wir sollten öfter ins Kino gehen!“

42 Wörter

! Nur wenige Wörter werden mit **ieh** geschrieben.

3 Kurzdiktat

Der Räuber stiehlt. | Das Vieh grast. | Das Pferd wiehert. | Der König befiehlt. | Das Wunder geschieht. | Der Schlittenhund zieht. | Das Kind sieht.

21 Wörter

Wörter mit doppeltem Vokal

→ Manche Wörter werden mit **aa**, **ee** oder **oo** geschrieben. Diese doppelten Vokale (Selbstlaute) werden lang gesprochen.

das H**aa**r   l**ee**r   das M**oo**s

1 Kurzdiktat

Das Paar tanzt | durch den Saal.

Der Seemann fährt | mit dem Boot | aufs Meer hinaus.

Der Schneemann | steht im Blumenbeet.

Mama mag Kaffee | lieber als Tee.

Im Zoo habe ich | langhaarige Affen gesehen.

33 Wörter

2 Die Fee im Moor

Opa hat Finn | eine Tasse Brombeertee gemacht. | Jetzt setzt er sich | mit seinem Kaffeebecher neben ihn | und erzählt eine Gruselgeschichte: | „Vor langer Zeit lebte eine böse Fee | am Rande des Moors. | Das Moor grenzte | an einen dunklen See. | Eines Tages traute sich | ein Angler mit seinem Ruderboot | auf den See. | Denn dort gab es viele Aale. | Doch die Fee zog ihn | an den Haaren ins Moor. | Das Boot blieb leer zurück.“ | Finn erschauert. | Gut, dass er im Warmen sitzt!

79 Wörter

Wörter mit doppeltem Konsonanten

→ Auf einen kurzen Vokal (Selbstlaut) oder Umlaut folgen meist **doppelte Konsonanten** (Mitlaute).

die Mutter hoffen satt

1 So ein Unsinn!

Alle Hennen | können schnell rennen.

Mollige Grillen | wollen tolle Brillen.

Die fette Ratte | wünscht sich ein Bett aus Watte.

Der brummige Hummer | hat schlimmen Kummer.

Die flotten Motten | müssen ständig spotten.

Die dünnen Spinnen | wollen immer gewinnen.

37 Wörter

2 Echt gruselig!

Anne und Jutta | kommen an einer dunklen Hütte vorbei. | Der Wind rüttelt an den Fenstern. | Die Tür knallt auf und zu. | Eine wimmernde Stimme | ist zu hören. | Hinter einer Tanne | sehen sie einen dünnen Mann. | Plötzlich ertönt ein lauter Knall. | Ein Gerippe fällt aus der Tür! | Anne klammert sich an Juttas Arm. | Doch Jutta lacht: | „Das ist doch nur eine Puppe!“ | Anne muss einmal tief durchatmen. | So eine Geisterbahnfahrt | kann ganz schön gruselig sein!

74 Wörter

Wörter mit ck und mit tz

→ Die Konsonanten (Mitlaute) **k** und **z** werden in der Regel nicht verdoppelt. Meist folgen dann auf einen kurzen Vokal (Selbstlaut) oder Umlaut die Konsonanten **ck** oder **tz**.

die Mü**ck**e wec**k**en die Mü**tz**e sit**z**en

1 Kurzdiktat

die Mücke | ticken | der Fleck | der Rücken | wackeln | der Deckel | die Socke | die Katze | der Blitz | kitzeln | kratzen | sitzen | spitz | der Spatz | die Pfütze

24 Wörter

2 Leckerer Speck!

Die Maus steckt ihre Nase | aus der Hecke heraus. | Der Duft von Speck | lockt sie aus dem Versteck. | Das Speckstück muss in der Mülltonne sein! | Die Maus hat Glück, | denn der Deckel steht offen. | Aber was ist das? | Da hockt ein Kind | und guckt sich einen Regenwurm an. | Leise huscht die Maus | an ihm vorbei | und klettert in die Tonne. | Da ist ja das gute Stück! | Schmeckt das lecker!

69 Wörter

3 Ein heißer Tag

Tim und Anton sitzen im Schatten. | „Ist das eine Hitze!", | ruft Tim | und setzt seine Mütze ab. | „Sollen wir zum Badesee fahren?" | „Das ist doch nur | eine schmutzige Pfütze!", | motzt Anton. | „Man müsste am Meer wohnen". | „Oder man müsste ein Eisbär sein", | witzelt Tim. | Aber Anton findet das nicht komisch. | Wenn er nur an das Fell denkt, | beginnt er schon zu schwitzen!

62 Wörter

Wörter mit s am Ende

→ Der (s)-Laut kann stimmhaft wie in **Sonne** oder stimmlos wie in **Maus** klingen. Am Wortende klingt der (s)-Laut immer stimmlos. Hörst du nach dem Verlängern des Wortes ein stimmhaftes **s**, wird es mit **s** geschrieben.

eine Gan**s** – viele Gän**s**e   er lie**s**t – le**s**en

1 Kurzdiktat

Die Maus saust | um das Haus.

Die Laus haust | in einem alten Koffer.

Der Greis reist | gerne mit dem Zug.

Der Hund rast | über das Gras.

Der Wegweiser weist | uns den Weg.

32 Wörter

2 Die Glaskugel

Timo liegt im Gras | und liest ein Buch. | Es handelt von einem weisen Greis. | Der Alte kann die Zukunft | aus einer Glaskugel vorhersagen. | Und so reist er um die Welt | und speist mit mächtigen Königen, | die seine Weisheit loben. | Doch diese Macht hat einen hohen Preis. | Immer wenn der Greis | in die Kugel schaut, | wird sein Herz kalt wie Eis. | Atemlos blickt Timo auf. | Bevor er weiterliest, | braucht er eine Pause!

71 Wörter

Wörter mit ß

→ Ist der (s)-Laut nach einem langen Vokal (Selbstlaut) oder einem Doppellaut stimmlos, schreibst du meist ein **ß**. Steht der (s)-Laut am Wortende, kannst du das Wort verlängern, um die richtige Schreibweise herauszufinden.

gefrä**ß**ig   hei**ß** – hei**ß**er

1 Kurzdiktat

weiß, weißer | er schmeißt, schmeißen | Strauß, Sträuße | Spaß, spaßig | es fließt, fließen | Fleiß, fleißig | sie schießt, schießen | er vergaß, sie vergaßen

21 Wörter

2 Der weiße Blitz

Lena schließt die Haustür | und geht auf die Straße. | Da schießt ihr | ein weißer Blitz entgegen | und springt an ihr hoch. | „Der beißt nicht!“, | ruft eine Frau. | „Er will dich nur begrüßen!“ | „Das ist ja ein süßer Hund!“, | ruft Lena. | „Er heißt Herr Wuff“, | antwortet die Frau. | Lena lacht. | Was für ein spaßiger Name!

54 Wörter

3 Ein verregneter Tag

Draußen gießt es in Strömen. | Thomas sitzt drinnen | und weiß nicht, | was er machen soll. | Eigentlich wollte er Fußball spielen. | Aber nun ist das Wetter so scheußlich. | Thomas schließt die Augen. | Er stellt sich vor, | er wäre ein großer Fußballer | und alle würden ihm zujubeln. | Da beschließt er, | doch auf den Fußballplatz zu gehen. | Schließlich spielen echte Profis | auch im Regen!

61 Wörter

Wörter mit ss

→ Folgt auf einen kurzen Vokal (Selbstlaut) oder Umlaut ein stimmloser s-Laut, schreibst du meistens **ss**.

der Ri**ss** wi**ss**en die Ta**ss**e der Rü**ss**el

1 Bei den Elefanten

Die Klasse 3a steht vor dem Elefantengehege. | Gerade taucht ein Elefant | den Rüssel ins Wasser | und spritzt sich genüsslich nass. | Da kommt der Pfleger | mit einem Fass voller Obst und Nüsse. | Ein Leckerbissen für die Tiere! | „Dürfen wir mal ein Tier anfassen?“, | will einer der Schüler wissen. | Der Pfleger nickt freundlich | und führt einen Elefanten an das Gitter. | Geduldig lässt er sich streicheln. | Die Schüler sind sich einig: | Das ist viel besser als Schule!

74 Wörter

2 Wo steckt Moppel?

Tine sitzt im Garten und isst Kuchen. | Plötzlich hört sie Finn schreien: | „Moppel ist weg!“ | Schnell rennt sie zum Kaninchenstall. | Die Tür ist geschlossen. | Aber wo steckt Moppel? | „Hoffentlich ist ihm nichts passiert!“, | jammert Finn. | Da entdeckt Tine | einen Riss in der Drahttür. | Durch den muss Moppel entwischt sein! | „Lass uns im Garten | nach ihm suchen!“, | schlägt sie vor. | Und richtig! | Finn findet Moppel im Gemüsebeet. | Er frisst eine Möhre. | Die Kinder lachen. | <u>Typisch</u> Moppel!

75 Wörter

Wörter mit ß und mit ss

→ Sowohl **ss** als auch **ß** werden **stimmlos** gesprochen. Du kannst aber leicht unterscheiden, wann ein Wort mit **ss** und wann es mit **ß** geschrieben wird: Ein **ss** kann nur nach einem kurzen Vokal (Selbstlaut) stehen. Das **ß** steht nur nach einem langen Vokal oder nach einem Doppellaut.

der Ku**ss**	na**ss**	wi**ss**en
der Spa**ß**	sü**ß**	wei**ß**

1

Kurzdiktat

Gestern aß ich | ein leckeres Essen.
Anne misst die Länge | mit einem Metermaß.
Suse beißt einen Bissen | von ihrem Brot ab.
Ich weiß es nicht | und ich will es auch | gar nicht wissen!

33 Wörter

! Diese Diktate solltest du erst üben, wenn **ss** und **ß** einzeln geübt wurden.

2

So ein Pechvogel!

Familie Klein sitzt beim Abendessen. | Als Kai nach dem Messer greift, | stößt er die Teekanne um. | Der Tee fließt über den Tisch | und auf seinen Schoß. | Zum Glück ist er nicht mehr heiß! | Aber alles ist nass! | Schnell springt er auf, | um einen Lappen zu holen. | Dabei reißt er den Stuhl um, | der polternd umfällt. | „Musst du immer | so ein Chaos anrichten?", | stöhnt Kais Mutter. | „Pass doch besser auf!" | Doch dann lächelt sie. | „So schlimm ist es ja auch nicht!"

80 Wörter

Die Nachsilben -ung, -heit, -keit, -schaft

→ Die Nachsilben **-ung**, **-heit**, **-keit** und **-schaft** kennzeichnen Nomen (Namenwörter). Wörter mit diesen Nachsilben werden großgeschrieben.

die Wohn**ung** die Wahr**heit** die Sauber**keit** die Feind**schaft**

1 Vaters Erzählung

Familie Richter fährt zu einer Burgenbesichtigung. | Im Auto belehrt Herr Richter seine Familie: | „Früher herrschte Feindschaft zwischen dem Burggrafen | und dem Fürsten aus der Nachbarschaft. | Aus Eitelkeit und Bosheit | wollte jedoch keiner einlenken. | Es kam zu einer Belagerung. | Der Fürst siegte | und übernahm die Herrschaft | über das Reich.“ | Da unterbricht ihn Frau Richter: | „Mussten wir an der Kreuzung | nicht abbiegen?“ | Herr Richter erschrickt: | „Ich muss wohl dem Weg | etwas mehr Aufmerksamkeit schenken!“

72 Wörter

2 Prinz Anne

Prinzessin Anne ärgert sich. | Alle reden immer nur | über die Schönheit einer Prinzessin. | Sie will viel lieber ein Prinz sein! | Alle würden ihre Tapferkeit | und Klugheit loben, | wenn sie böse Drachen erlegt. | Sie würde Freundschaft | mit den Zwergen schließen | und ihr Reich in alle Richtungen erkunden. | Auf ihrem Pferd würde sie | durch die Landschaft reiten | und für Gerechtigkeit | und Ordnung sorgen. | Deshalb will sie von jetzt an | auch Prinz Anne heißen.

71 Wörter

Die Nachsilben -in und -nis

→ Die Nachsilben **-in** und **-nis** kennzeichnen Nomen (Namenwörter). Die Nachsilbe **-in** drückt außerdem aus, dass jemand weiblich ist. Alle Wörter mit diesen Nachsilben werden großgeschrieben. In der Mehrzahl verändern sich die Nachsilben. Aus **-in** wird **-innen** und aus **-nis** wird **-nisse**.

die Lehrer**in** – die Lehrer**innen** das Ereig**nis** – die Ereig**nisse**

1 So viele Berufe!

Tina überlegt, | was sie später werden will: | Sie könnte Pilotin werden | oder Rennfahrerin. | Das wäre ein großes Wagnis. | Oder vielleicht Ärztin? | Sie findet auch Tänzerinnen toll, | aber die müssen ständig trainieren. | Im Zoo hat sie einmal zwei Tierpflegerinnen | bei der Arbeit gesehen. | Ob das ein Beruf für sie wäre? | Tina kommt zu keinem Ergebnis. | Aber jetzt ist sie ja | erst einmal Schülerin!

62 Wörter

! Setze alle Lernwörter in der Einzahl auch einmal in die Mehrzahl. So kannst du das Bilden der Mehrzahlformen üben.

2 Der Brief

Die Lehrerin zeigt der Klasse einen Brief. | Sie macht ein großes Geheimnis | aus dem Inhalt. | Dann liest sie ihn aber doch vor: | „Liebe Schülerinnen und Schüler der Klasse 3b, | hiermit erhaltet ihr die Ergebnisse | vom Wettkampf der jungen Forscherinnen und Forscher. | Ihr habt alle Hindernisse | beim Lösen der Aufgaben überwunden. | Eure Kenntnisse waren sehr gut. | Deshalb habt ihr den 1. Platz belegt.“ | Die Klasse jubelt. | Was für ein Ergebnis!

69 Wörter

Die Nachsilben -ig, -isch, -lich

→ Die Nachsilben **-ig**, **-isch** und **-lich** kennzeichnen Adjektive (Wiewörter). Wörter mit diesen Endungen schreibst du klein. Die Endungen klingen oft ähnlich. Wenn du dir unsicher bist, kannst du das Wort verlängern. Dann hörst du genau, welche Endung es hat.

lust**ig** – lust**iger** kom**isch** – kom**ischer** wunder**lich** – wunder**licher**

1 Kurzdiktat

Der Dieb freut sich diebisch. | Der Verräter benimmt sich verräterisch. | Beim Sport trägt der Sportler | sportliche Kleidung. | Der Angeber sagt angeberische Sachen. | Die Farbe hinterlässt farbige Spuren.

27 Wörter

2 Kurzdiktat

fröhlich | traurig | rundlich | geizig | eckig | komisch | sportlich | witzig | freundlich | unheimlich | tierisch | verschwenderisch

12 Wörter

3 Der Zirkusbesuch

Marie und Jan besuchen eine Zirkusvorstellung. | Den dummen Anton finden die Kinder lustig. | Bei der gefährlichen Löwennummer | halten sie den Atem an. | Als die mutige Frau | sich eine giftige Schlange um den Hals legt, | hält Marie sich ängstlich die Augen zu. | Die herrliche Seiltänzerin | findet sie aber großartig. | Jan fand die schwierigen Kunststücke | der Akrobaten am besten. | Am Ende sind sich beide einig: | Der Zirkus war unglaublich gut!

68 Wörter

Wortfamilien: lesen und denken

→ Wörter aus einer **Wortfamilie** haben den gleichen Wortstamm. Deshalb werden sie meist gleich geschrieben. Der Stamm kann sich aber auch verändern.

lesen – der **Les**er – aber: sie **las**

denken – aber: der Ge**dank**e – das Ge**dächt**nis

1 Aus dem Leben einer Leseratte

Die Leseratte wohnt | im Lesesaal der Bücherei. | Meist versteckt sie sich | hinter den alten Büchern. | Viele davon sind kaum noch lesbar. | Die Schrift ist verblasst | und deshalb unleserlich geworden. | Jeden Tag beobachtet die Ratte | die Leserinnen und Leser. | Manche wollen nur schnell etwas nachlesen. | Andere machen es sich | mit ihrem Lesestoff gemütlich. | Am schönsten findet es die Leseratte, | wenn es eine Lesung gibt | und vorgelesen wird. | Denn dann erfährt sie endlich, | was in den Büchern steht.

76 Wörter

2 Die Denkmaschine

Moritz denkt nach. | Er bastelt gerade an einer Denkmaschine. | Das kleine Gerät passt in jedes Ohr. | Es löst blitzschnell | alle denkbaren Aufgaben. | Wenn ein Schüler in der Schule aufgerufen wird, | flüstert es ihm die Antwort vor. | Kein Lehrer wird es bemerken. | Alle Schüler werden ihn | als großen Denker feiern. | Auf dem Schulhof werden sie ihm | ein Denkmal bauen! | Doch etwas stimmt noch nicht | mit der Maschine. | Nachdenklich kratzt er sich am Kopf. | Davon wacht er auf. | Schade. | Das war ein guter Gedanke!

82 Wörter

Zusammengesetzte Nomen

→ Zwei Nomen (Namenwörter) kannst du oft zu einem Namenwort zusammensetzen. Das erste Wort bestimmt das zweite näher. **Zusammengesetzte Nomen** schreibst du groß.

der **Regen** + der **Wurm** = der **Regenwurm**

der **Kuchen** + die **Form** = die **Kuchenform**

1 Wie entsteht ein Regenbogen?

Jonas und Lilli sitzen im Baumhaus | und beobachten Regenwolken. | Plötzlich bricht die Wolkendecke auf | und ein Sonnenstrahl ist zu sehen. | „Schau mal, | ein Regenbogen!", | ruft Jonas. | „Weißt du, | wie er entsteht?" | Lilli schüttelt den Kopf. | Jonas erklärt: | „Das weiße Sonnenlicht | besteht eigentlich aus vielen Farben. | Wenn ein Lichtstrahl | auf die Regentropfen fällt, | kannst du die einzelnen Farben sehen. | Regenbogen entstehen auch | an einem Wasserfall | oder du kannst sie | mit einem Gartenschlauch selber machen."

73 Wörter

2 Auf der Ritterburg

Die 3b besucht eine Ritterburg. | Sie ist von einer dicken Schutzmauer | und einem Burggraben umgeben. | Es gibt sogar eine Zugbrücke! | Der Burgherr zeigt den Kindern | den Pferdestall und den Kräutergarten. | Im Speisesaal bewundern sie | eine glänzende Ritterrüstung. | Auch in die Waffenkammer | dürfen sie gucken. | Dann geht es die Steinstufen hinauf | auf den Burgturm. | Am Ende lädt der Burgherr | die Klasse zu einem Festmahl ein | und alle essen mit den Fingern. | Wie die Ritter!

73 Wörter

Zusammengesetzte Nomen mit Fugen-s

➔ Manchmal kann bei einem zusammengesetzten Nomen (Namenwort) ein **s** zwischen den beiden Nomen stehen. Man nennt es **Fugen-s**.

der Schiff**s**motor der König**s**tiger

1 Der Geburtstag

Die Königstochter sitzt | in ihrem Arbeitszimmer | und schreibt Einladungskarten. | Am Sonntag hat sie Geburtstag | und sie will ihre Freunde | zu ihrer Geburtstagsfeier einladen. | Ihre Mutter hat bei der Bäckersfrau | schon eine Geburtstagstorte | und ihren Lieblingskuchen bestellt. | Außerdem plant sie eine Bootsfahrt | mit dem königlichen Schiff. | Ihr Vater hat auch | einen Überraschungsgast angekündigt. | Wer das wohl sein mag?

57 Wörter

2 Der geheimnisvolle Brief

Familie Moser sitzt am Frühstückstisch. | Da klingelt es an der Wohnungstür. | Es ist der Postbote. | In der Hand hält er einen Briefumschlag für Lisa. | „Hast du eine Brieffreundin?“, | fragt Frau Moser erstaunt. | „Das ist bestimmt ein Liebesbrief“, | brüllt Lisas Bruder. | Schnell reißt Lisa den Briefumschlag auf. | Es ist eine Glückwunschkarte | mit zwei Kinokarten darin. | Lisa strahlt. | Sie hat beim Zeitungsrätsel mitgemacht | und den ersten Preis gewonnen!

! Höre genau hin, dann erkennst du leicht, ob das zusammengesetzte Nomen ein Fugen-s hat.

66 Wörter

Zusammengesetzte Adjektive

→ Adjektive (Wiewörter) können aus verschiedenen Wörtern zusammengesetzt sein.

Nomen + **Adjektiv**:	das Wasser + scheu = wasserscheu
Adjektiv + **Adjektiv**:	laut + stark = lautstark
Verb + **Adjektiv**:	laufen + faul = lauffaul

Zusammengesetzte Adjektive schreibst du klein.

1 Entweder ... oder?

Rabenschwarz oder blütenweiß, |
bitterkalt oder glühendheiß, |
sternenklar oder wolkenreich, |
knochenhart oder kuschelweich, |
federleicht oder tonnenschwer? |
Jetzt hör auf, ich kann nicht mehr!

22 Wörter

2 Der Geschichtenerzähler

Onkel Paul wohnt | in einem windschiefen Haus. | Wir besuchen ihn oft. | Wenn wir dann mäuschenstill | auf seinem feuerroten Sofa sitzen, | beginnt er zu erzählen: | von wunderschönen Prinzessinnen | und bitterbösen Raubrittern, | von todesmutigen Helden | und schießwütigen Piraten, | von bärenstarken Riesen | und geheimnisvollen Zauberern. | Manche Geschichten sind tieftraurig, | bei anderen lachen wir pausenlos. | Die Zeit bei Onkel Paul | geht immer blitzschnell um. | Oft ist es schon stockdunkel, | wenn wir nach Hause gehen!

70 Wörter

Wörter trennen

→ Zusammengesetzte Wörter und Wörter mit einer Vorsilbe kannst du in ihre Wortbausteine zerlegen.

das Fahr-rad   tag-hell   der Vor-fall

Wörter, die aus mehreren Silben bestehen, kannst du nach Sprechsilben trennen.

die Ta-schen-lam-pe   der Kö-nigs-ti-ger

1 Kurzdiktat

der Wasch-bär | der Ver-dacht | das Rühr-ei | hell-blau | das Wurst-brot | die Uhr-zeit | stein-hart | die Vor-fahrt | das Baum-haus | die Spitz-maus

18 Wörter

2 Kurzdiktat

die Schau-kel | das Spie-gel-bild | der Zau-ber-stab | hun-de-mü-de | die Wun-der-tü-te | das Schna-bel-tier | der Höh-len-for-scher | das Erd-beer-eis

15 Wörter

3 Der wundersame Wald

Im ma-gi-schen Wald | le-ben selt-sa-me We-sen: | klei-ne Zwer-ge | mit lan-gen Na-sen, | gro-ße Rie-sen | mit ra-ben-schwar-zen Bär-ten, | schnee-wei-ße Ein-hör-ner | und zar-te El-fen | mit hell-grü-nen Flü-geln. | Auch bun-te Vö-gel | in den Far-ben des Re-gen-bo-gens | le-ben dort. | Doch wenn ein Mensch | in den Zau-ber-wald ge-rät, | ver-schwin-den die We-sen blitz-schnell. | Des-halb hat noch nie-mand | sie je-mals ge-se-hen. | Scha-de!

54 Wörter

Wörter mit doppelten Konsonanten trennen

→ Auch Wörter mit **doppelten Konsonanten** (Mitlauten) kannst du nach Sprechsilben trennen. Du trennst das Wort dann zwischen den beiden Konsonanten.

das Zi**m**-**m**er dü**n**-**n**e bru**m**-**m**en

1 Am Meer

Es ist Som-mer. | Familie Klein verbringt den Tag am Strand. | Sara und Jonas sam-meln Muscheln. | Sie bud-deln ein Loch | und kip-pen sie hinein. | Später wol-len sie | ein Muschelbild legen. | Die Zwil-linge | schwim-men im Was-ser. | Jetzt kom-men sie heraus | und ren-nen | vor Kälte zit-ternd | durch die Son-ne. | „Das waren klas-se Wel-len!", | rufen sie. | Die Mut-ter liegt im Schat-ten. | „Sol-len wir gleich Würstchen gril-len?", | will der Vater wis-sen. | Die Kinder jubeln. | Würstchen es-sen al-le gerne!

73 Wörter

2 Im Keller

Nora will Ten-nis spielen, | aber sie findet die Bäl-le nicht. | „In der Kiste im Kel-ler | müs-sen welche sein!", | meint die Mut-ter. | Hinter einer Kan-ne | und einer Pap-pe | findet sie die Kis-te. | Daneben sitzt eine Spin-ne | mit dün-nen Beinen. | In ihrem Netz zap-pelt eine Fliege. | Nora schüt-telt sich. | Sie mag Spin-nen nicht. | Sie wühlt in der Kiste. | Da sind die Bäl-le ja! | Nora rennt die Trep-pe hoch. | Jetzt aber schnell!

69 Wörter

! Trenne alle Wörter mit doppelten Konsonanten. Aber Achtung! Manche lassen sich nicht trennen!

Wörter mit tz, pf und st trennen

→ Wörter mit **tz**, **pf** oder **st** in der Mitte trennst du so:

sit-**z**en stop-**f**en die Äs-**t**e

Bei zusammengesetzten Wörtern trennst du jedoch meistens nach Wortbausteinen:

plötz-lich das Töpf-chen köst-lich

1 Ein Wintertag

Es hat geschneit. | Die Äs-te der Bäume | sind voller Schnee. | Lars und Mia | schlüp-fen in ihre Winterausrüs-tung | und set-zen ihre Müt-zen auf. | Dann stap-fen sie | durch den Schnee zum Rodelberg. | Sie set-zen sich auf den Schlit-ten | und los geht die wüs-te Fahrt! | Unten klop-fen sich die beiden | den Schnee von den Jacken. | Lars jubelt: | „Das war spit-ze!“

57 Wörter

! Übe in den Diktaten nur das Trennen von **tz**, **pf** und **st**.

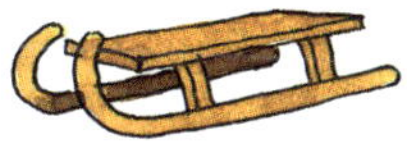

2 Der Piratenschatz

Am Himmel glit-zern nur wenige Sterne, | als ein Schiff an der Küs-te anlegt. | Die Piraten gehen an Land! | Die Männer sind | mit schweren Kis-ten beladen | und stap-fen durch den Sand. | Sie wollen ihre Schät-ze vergraben. | „Hier ist eine gute Stelle“, | flüs-tert einer. | Neben einem Baum | graben sie ein Loch, | stop-fen die Kis-ten hinein | und schütten es wieder zu. | Zum Schluss rit-zen sie | mit der Messerspit-ze | ein Zeichen in den Baumstamm. | Dann verschwin-den sie wieder | in der Dunkelheit.

77 Wörter

Wörter mit ck, ch und sch trennen

→ Wenn du Wörter mit **ck**, **ch** oder **sch** trennen willst, bleiben diese Buchstaben immer zusammen.

die So-**cke** die Wo-**che** die Mu-**sch**el

1 Kurzdiktat

Die Mäd-chen ki-chern | und tu-scheln.
Die Wäch-ter bre-chen | in Geläch-ter aus.
Die Dra-chen | erwa-chen in der Nacht.
Die Wa-chen la-chen, | bis die Balken kra-chen.
Kannst du So-cken | aus di-cker Wolle stri-cken?
Ein Mü-cken-stich | kann schreck-lich ju-cken.

36 Wörter

2 Die Pilzsuche

Am Wo-chenende gehen Karl und sein Vater | in den Wald. | Sie su-chen nach Pilzen. | „Da hinten stehen ganz di-cke Pilze!", | ruft Karl. | Sie bü-cken sich | und betrach-ten sie genau-er. | Da sieht Karl zwei Schne-cken, | die auf den Pilzen ho-cken. | Vorsich-tig setzt er sie | unter die Sträu-cher. | Dann pflü-cken sie die Pilze | und ste-cken sie in ihre Ta-schen. | Nach ein paar Stunden | ma-chen sie sich auf den Heimweg. | Später werden sie die Pilze wa-schen | und eine le-ckere Pilzpfanne ko-chen.

! Übe hier nur das Trennen von **ck**, **ch** und **sch**.

78 Wörter

Aufforderungssatz und Ausrufesatz

→ **Aufforderungssätze** und **Ausrufesätze** enden immer mit einem **Ausrufezeichen**.

Pass auf**!** Vorsicht**!**

Igitt**!** Wie schön**!**

1 Punkt oder Ausrufezeichen?

Ich gehe in die Schule. | Geh mir aus dem Weg! | Laufen macht mir keinen Spaß. | Lauf schneller! | So ein Pech! | Sie haben Pech gehabt. | Autsch! | Anne hat sich gestoßen. | Peter ekelt sich vor Spinnen. | Wie eklig! | Mia geht raus. | Raus hier!

41 Wörter

2 Adam sitzt fest

Adam ist auf einen Baum geklettert. | Da ruft ihn seine Mutter: | „Komm sofort runter! | Wir essen jetzt!“ | „Bin schon unterwegs!“, | brüllt Adam zurück. | Doch so leicht ist das nicht. | Denn Adams Hose | hängt an einem Ast fest. | „Hilfe!“, | schreit er. | „Ich hänge fest!“ | Er zerrt am Hosenbein. | Er flucht laut: | „So ein Mist!“ | Da reißt der Stoff | und Adam ist frei. | Was für ein Glück! | Er klettert herunter. | Als die Mutter die Hose sieht, | schimpft sie: | „Pass doch besser auf!“

80 Wörter

! Alle Satzzeichen bis auf Punkt und Ausrufezeichen werden mitdiktiert.

Fragesatz

→ **Fragesätze** enden immer mit einem **Fragezeichen**.

Was ist das**?**

Kommst du mit**?**

1 Flugzeugfragen

Milan ist zum ersten Mal | mit einem Flugzeug geflogen. | Jetzt hat er eine Menge Fragen: | Warum kann ein Flugzeug fliegen? | Wieso ist es | in großer Höhe so kalt? | Wie findet der Pilot den Weg? | Können auch Tiere mitfliegen? | Gibt es Flugzeuge, | die auf dem Wasser landen können? | Und kann er auch Pilot werden? | Seine Mutter seufzt. | Woher soll sie | das denn alles wissen? | Sein Vater lacht: | „Am besten kaufen wir | dir ein Flugzeugbuch."

73 Wörter

2 Ein Besuch im Zoo

Florian und Lisa sind Reporter | für eine Kinderzeitung. | Heute möchten sie ein Interview | mit dem Zoodirektor führen. | Sie haben sich | viele Fragen ausgedacht. | Wie viele Tiere leben im Zoo? | Hat der Direktor ein Lieblingstier? | Leben hier auch Tiere, | die nicht im Zoo geboren wurden? | Kennt er die Namen aller Tierarten? | Und wie wird man | überhaupt Zoodirektor? | Florian und Lisa freuen sich | schon sehr auf den Zoobesuch. | Ob sie dann auch mal | ein Tier streicheln können?

75 Wörter

Wörtliche Rede

→ In der **wörtlichen Rede** wird wiedergegeben, was jemand sagt oder denkt. Am Anfang und am Ende der wörtlichen Rede stehen Anführungszeichen und Schlusszeichen. Oft steht vor der wörtlichen Rede noch ein Begleitsatz. Er sagt aus, wer spricht oder wer sich etwas denkt. Der Begleitsatz endet mit einem Doppelpunkt.

Peter sagt**: „**Ich kann Hausaufgaben nicht leiden.**“**

Mia denkt sich**: „**Das ist ein schönes Buch.**“**

1 Vor der Schulstunde

Peter fragt: | „Wer kann mir ein Lineal leihen?“ | Suse schreit: | „Lass mich in Ruhe!“ | Lisa beschwert sich: | „Wir haben zu viele Hausaufgaben auf!“ | Max stöhnt: | „Ich habe das nicht verstanden.“ | Lara fragt: | „Ist Rosa krank?“

35 Wörter

2 Was machen wir?

Die Kinder überlegen, | was sie unternehmen können. | Suse schlägt vor: | „Lasst uns schwimmen gehen.“ | Aber Anton widerspricht: | „Ich habe keine Badehose mit.“ | Lena meint: | „Wir können Ball spielen.“ | Doch Theo nörgelt: | „Das machen wir fast jeden Tag.“ | Da sagt Lukas: | „Wir erkunden die alte Hütte im Wald.“ | Die Kinder rufen: | „Das ist eine super Idee!“ | Nur Theo fragt ängstlich: | „Ist das nicht gefährlich?“ | Aber da schreien alle zusammen: | „Überhaupt nicht!“

70 Wörter

! Alle Satzzeichen werden mitdiktiert. Nur die Doppelpunkte und die Anführungs- und Schlusszeichen werden ausgelassen.